코린토서 문제집

영원한도움 성서연구소 지음

성서와함께

펴내면서

코린토 교회는 문제도 많고 질문도 많습니다. 교회 공동체 상황도 꽤나 복잡하고 양상이 다양합니다. 적당히 세속적이면서 다퉈 가며 신앙생활을 하는 모습도 봅니다.

코린토 공동체는 예수님의 말씀을 전해 주는 사도를 통해 신앙을 갖게 되었습니다. 신앙생활을 하면서 당시 사회 상황과 풍습에 부딪치며 드러낸 문제에 대해, 사도 바오로는 하나하나 답변해 줍니다.

우리도 여기에 나타난 여러 주제를 이 시대 상황에 비추어 다시 한 번 되짚어야 할 것입니다.

육肉적인 것이 우리 존재 전체를 거의 지배하다시피 하는 이 시대, 성性과 혼인의 참된 의미를 잃어버린 것 같은 현상, 현대의 우상 숭배에 대해서 곰곰이 생각해 보았으면 합니다.

너무 익숙해져 버려 오히려 그 의미를 모르는 단어들, 말하자면 '전례', '영적 은사' 그리고 '부활'을 관상했으면 합니다. 우리의 현실을 성경의 빛으로 보는 것입니다.

아직 신앙이 얕고 하느님을 잘 모르는 데서 오는 여러 가지를 관상하면서, 이 시대에 영원한 가치로 오늘을 사는 신앙의 지혜를 터득하시기 바랍니다.

이 문제집이 나오기까지 수고를 많이 해 주신 곽해순 수녀님께 감사를 드리고, 전재열 수녀님, 김종옥 수녀님과 독회를 함께 해 주신 '가톨릭성서모임' 봉사자 수녀님들, '성서와함께' 수녀님들께 깊이 감사드립니다. 또한 문제집을 정성껏 꾸며 주신 도서출판 '성서와함께'에도 진심으로 감사드립니다.

2003년 성령 강림 대축일에
영원한도움 성서연구소
최안나 수녀

그룹 공부 안내

《코린토서 문제집》은 코린토 공동체를 통해 제시되는 여러 문제를 숙고하면서, 그에 대한 사도 바오로의 답변을 음미하도록 만들었습니다.

이미 초창기부터 만나 온 성경 낱권 공부 문제집은 일반적인 '렉시오 디비나'의 내부 구조를 응용한 사목적 적용의 틀[읽기(Lectio) - 배움(Studium) - 묵상(Meditatio) - 기도(Oratio)의 결과인 생활]로 구성되어 있습니다.

'렉시오 디비나'가 잘 되도록 구성하였으나 '그룹 공부'의 구조 속에서 점차 배움에 치중되었다는 것을 성찰하며, 원래 의도대로 읽기(Lectio) - 공부하고 묵상하기(Studium et Meditatio) - 기도하고 관상하기(Oratio et Contemplato) 틀로 조정합니다.

그리고 '기도하고 관상하기'에 중점을 두어, 음미하고 관상할 수 있는 말씀들을 뽑았습니다.

이미 개정된《요한복음서 문제집》부터 내용 면에서 관상에 중점을 두었고,《마태오복음서 문제집》에서는 좀 더 명확히 안내를 하였습니다. 이제《코린토서 문제집》을 통해 말씀에 더 깊이 잠길 수 있도록 질문 형태를 바꾸었습니다.

그룹 '렉시오 디비나'로 하느님의 말씀을 더욱 깊이 맛 들이고 평화를 누리기를 기원합니다.

짜 임

코린토 2서

코린토서의 구조

코린토 1서

인사와 감사(1,1-9)

공동체의 분열(1,10-4,21)

십자가의 이치와 하느님의 지혜(1,10-2,16)

공동체의 분열 상황과 일치 호소(1,10-17)
하느님의 지혜와 힘인 '십자가의 말씀'(1,18-2,16)
　십자가의 이치(1,18-25)
　부르심을 받았을 때의 처지(1,26-31)
　하느님의 힘(2,1-5)
　하느님의 지혜(2,6-16)

복음 선포자의 역할(3,1-4,21)

코린토 공동체의 미성숙한 처지(3,1-4)
하느님의 협력자가 밭을 가꾸는 것처럼(3,5-9)
하느님의 성전인 공동체를 건설하는 것처럼(3,10-17)
아무도 자랑할 수 없다(3,18-23)
하느님의 신비를 맡은 관리인의 충실(4,1-13)
본받으십시오. 공동체의 아버지처럼(4,14-21)

경고와 권고(5,1-6,20)

육체의 중요성(5,1-6,20)

불륜을 저지르는 자(근친상간)(5,1-8)

문제에 대한 답변(7,1-14,40)

혼인 문제(7,1-40)

우상에게 바쳤던 제물(8,1-11,1)

코린토 2서

편지 전반부(1-9장)

코린토 방문 계획 변경(1,1-2,13)

입문
인사(1,1-2)
위로의 근원이신 하느님(1,3-11)
방문 계획 변경(1,12-2,13)

사도직에 대한 소신(2,14-6,10)

파견된 말씀의 사도(2,14-3,18)
그리스도의 향기(2,14-17)
추천서(3,1-7)
성령의 직분(3,8-18)
우리는 낙심하지 않습니다(4,1-5,10)
질그릇에 담긴 보물(4,1-15)
외적 인간은 쇠퇴해 가더라도(4,16-5,10)
하느님과 화해하십시오(5,11-21)
하느님의 일꾼(봉사자)(6,1-10)

권고(6,11-9,15)

짝이 맞지 않습니다(6,11-7,1)
우리의 환난과 기쁨(7,2-16)
성도들을 섬기는 선행(8,1-9,15)

편지 후반부(10-13장)

사도 바오로(10,1-12,21)

나의 태도(10,1-6)
주님께서 주신 권위(10,7-18)
어리석은 이처럼(11,1-15)
어리석어서 하는 말(11,16-33)
약점 자랑(12,1-10)
어리석은 사람이 되고 말았다(12,11-13)
나의 태도(12,14-21)

마무리: 마지막 경고와 인사(13,1-13)

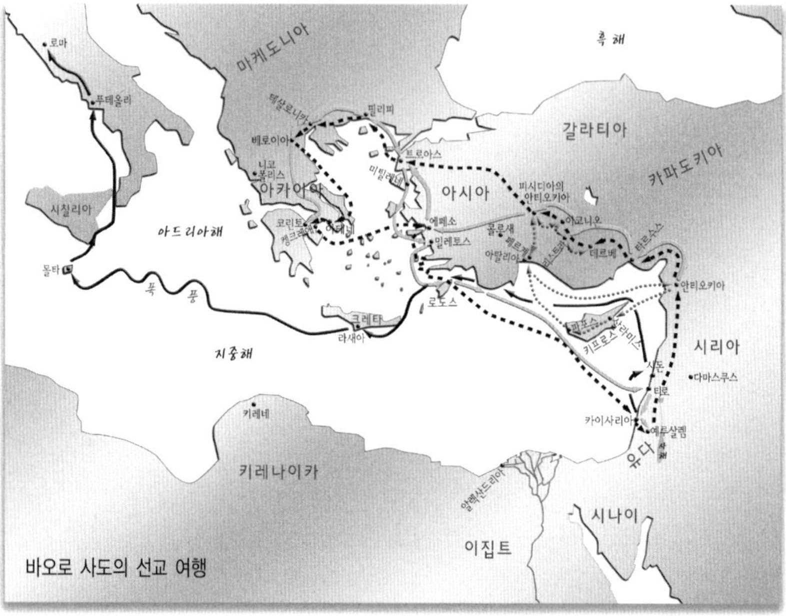

바오로 사도의 선교 여행

- **제1차 여행(사도 13-14장)** ·····▶
  안티오키아 → 살라미스 → 파포스 → 페르게 → 피시디아의 안티오키아 → 이코니온 → 리스트라 → 이코니온 → 피시디아의 안티오키아 → 페르게 → 이탈리아 → 안티오키아
- **제2차 여행(사도 15,40-18,22)** - - -▶
  안티오키아 → 타르수스 → 데르베 → 리스트라 → 트로아스 → 필리피 → 테살로니카 → 베로이아 → 아테네 → 코린토 → 켕그레애 → 에페소 → 카이사리아 → 예루살렘 → 안티오키아
- **제3차 여행(사도 18,23-21,17)** ——▶
  안티오키아 → 에페소 → 트로아스 → 마케도니아 → 그리스 → 마케도니아 → 드로아스 → 미틸레네 → 밀레토스 → 로도스 → 티로 → 카이사리아 → 예루살렘
- **로마 호송 경로(사도 27,1-28,16)** ——▶
  (예루살렘 → 카이사리아) → 시돈 → 크레타 섬의 라새아 → 폭풍 → 몰타 → 푸테올리 → 로마

코린토 교회의 위치

코린토 1서의 수사학적 구조

- 1,1-3 편지 서두
- 1,4-9 감사 인사
- 1,1-15,58 편지 본문
  - 1,10 주제(일치 호소)
  - 1,11-17 현실 상황
  - 1,18-15,58 증명(설득)
    - 1,18-4,21 첫째 단락: 파벌에 대한 충고
    - 5,1-11,1 둘째 단락: 코린토 교회의 하나 됨
      - 5,1-7,40 불륜과 결속
      - 8,1-11,1
        - 우상 숭배와 음복
        - 자유는 하느님의 영광을 위하여
    - 11,2-14,40 셋째 단락: 분열의 상황
      - 11,2-16 전례 풍습 분열
      - 11,17-34 주님의 만찬 때 분열
      - 12,1-14,40 은사에 대한 태도
    - 15,1-58 넷째 단락: 마지막 목표인 부활
- 16,1-24 편지 마무리

제1과

편지 서두와 감사 인사 (1,1-9)

입문

서간 집필 동기, 저자, 장소
서간의 특징
서간의 진정성眞正性과 통일성
코린토는 어디에 있으며 어떤 곳입니까?
코린토 교회는 언제, 누가 세웠습니까?

인사, 서간 개요

1. 이 서간을 받는 사람과 보내는 사람을 간략하게 쓰고 첫 인사를 써 봅시다(1,1-3).

2. 바오로는 어떻게 해서 사도가 되었다고 자신을 소개합니까?(1,1)

3. 받는 사람을 수식하고 있는 내용을 정리해 봅시다(1,2).

음미(Ruminatio)

"하느님의 뜻에 따라…"
(1,1)

음미(Ruminatio)

"하느님은 성실하신 분이십니다. 그분께서 당신의 아드님 우리 주 예수 그리스도와 친교를 맺도록 여러분을 불러 주셨습니다."

(1,9)

4. 편지 서두에서 바오로는 무엇에 대해서 감사하며, 이를 통해 나타나는 코린토 공동체의 모습은 어떠합니까?(1,4-9)

5. '우리 주 예수 그리스도의 날'이 가리키는 것은 무엇입니까?(1,8)

6. 성실하신 하느님과의 친교를 말하는 바오로의 의도는 무엇입니까?(1,9)

하느님의 뜻으로
…인 나는 감사를 드립니다.

주님과 친교를 맺도록 부르심을 받아
하나가 된 …를 기억합니다.

기도하는 마음으로 이 서간을 읽고,
같은 하느님 안에서
같은 성령 안에서
나의 가족, 소속 공동체 구성원을 기억하며
마음으로 초대합니다.

제1부

공동체의 분열과 일치

(1,10-4,21)

제2과

십자가의 이치와 하느님의 지혜 (1,10-2,16)

음미(Ruminatio)

"영이 아니고서야"
(2,11)

"나는 약했으며, 두렵고 또 무척 떨렸습니다."
(2,3)

읽기(Lectio)

1,10-17 공동체의 분열 상황과 일치 호소

1,18-2,16 하느님의 지혜와 힘인 '십자가의 말씀'

- 1,18-25 십자가의 이치
- 1,26-31 부르심을 받았을 때의 처지
- 2,1-5 하느님의 힘
- 2,6-16 하느님의 지혜

배움과 묵상(Studium et Meditatio)

1. 바오로가 코린토 공동체에게 처음 권고한 내용은 무엇입니까?(1,10)

음미(Ruminatio)

"성령의 힘을 드러내는 것으로" *(2,4)*

2. 코린토 공동체의 현실 상황을 취재해 보십시오. (1,11-17)

(나……) PD 취재 수첩

코린토 공동체에 왜 파벌이 생겼는가?
어떻게 갈라졌는가?
몇 개로 어떤 파가 있는가?
우두머리가 따로 있는가?
결국 어떻게 해야 이 문제를 해결하겠는가?
그리스도 편이란 어떤 의미인가?
바오로의 해명은?

"십자가에 관한 말씀" *(1,18)*

3. 십자가의 말씀이 어떠한지 밝히고(1,18), 그 말씀의 경위를 찾아보십시오(1,19-22.23-25).

4. 코린토 신자들이 처음 부르심을 받았을 때의 처지를 살펴보고, 그 안에 나타난 하느님의 지혜를 알아봅시다(1,26-29.31).

5. 그리스도 예수님께서는 우리에게 어떤 분이 되셨습니까?(1,30)

6. 바오로가 코린토 신자들에게 알리고자 한 것은 무엇입니까?(2,1-2)

7. 바오로의 선포 방법과 목적은 무엇입니까?(2,1-5)

8. 바오로가 말하는 참 지혜는 무엇입니까?(2,6-9)

9. 하느님에게서 오는 성령과 깨달음의 관계를 살펴보십시오(2,10-16).

음미(Ruminatio)

"성령께서 가르쳐 주신 말로 이야기합니다." *(2,13)*

기도와 관상(Oratio et Contemplatio)

○ " 멸망할 자들에게는 십자가에 관한 말씀이 어리석은 것이지만, 구원을 받을 우리에게는 하느님의 힘입니다"(1,18)라는 말씀이 나에게 주는 의미는 무엇입니까?

제3과

복음 선포자
(3,1-4,21)

음미(Ruminatio)

"하느님의 협력자"
(3,9)

"지혜로운 건축가"
(3,10)

읽기(Lectio)

3,1-4	코린토 공동체의 미성숙한 처지
3,5-9	하느님의 협력자가 밭을 가꾸는 것처럼
3,10-17	하느님의 성전인 공동체를 건설하는 것처럼
3,18-23	아무도 자랑할 수 없다
4,1-13	하느님의 신비를 맡은 관리인의 충실
4,14-21	본받으십시오. 공동체의 아버지처럼

배움과 묵상(Studium et Meditatio)

1. 육적 인간으로 표현된 코린토 공동체의 성숙도를 2,13-15을 참고하여 알아봅시다(3,1-4).

2. '아폴로는 무엇이며 바오로는 무엇'(3,5)입니까? 복음 선포자의 역할과 그들의 관계는 어떠합니까? (3,5-9.10-17)

3. 파벌을 말하는 1,12과 연결시켜 3,21-23의 의미를 풀어 보십시오.

4. 바오로는 신자들에게 사도들을 어떤 사람으로 생각하라고 하며(4,1), 사도에게 요구되는 것을 무엇이라고 말합니까?(4,2)

5. 바오로는 엄격한 기준으로 사도들과 신자들 관계의 예민한 부분을 다룹니다(4,1-21). 여기에서 사도들의 처지는 어떠하며(4,3-13), 역할은 무엇입니까?(4,16-17.18-21) 신자들은 그들을 어떻게 대해야 합니까?(4,1.14-17)

6. 하느님 나라는 말이 아니라 힘에 있다고 합니다(4,20). 이 말의 의미는 무엇입니까?

음미(Ruminatio)

"그리스도의 시종"
(4,1)

"하느님의 신비를 맡은 관리인"
(4,1)

7. 바오로는 코린토 교회에 어떤 모습으로 가고 싶어 합니까? 왜 이 말을 합니까?(4,21)

음미(Ruminatio)

"세상의 쓰레기처럼, 만민의 찌꺼기처럼"
(4,13)

기도와 관상(Oratio et Contemplatio)

○ '지혜롭게 되기 위해서는 어리석은 이가 되어야 합니다'(3,18)와 '세상의 쓰레기처럼, 만민의 찌꺼기처럼'(4,13) 되었다는 말씀을 관상해 보십시오.

제2부

육체의 중요성

(5,1-6,20)

제4과

불륜과 이교도 법정 소송에 대한 경고(5,1-6,20)

음미(Ruminatio)

"순결과 진실이라는 누룩 없는 빵을 가지고 축제를 지냅시다."
(5,8)

"불륜을 멀리하십시오."
(6,18)

읽기(Lectio)

5,1-8	공동체 안에서 불륜을 저지르는 자
5,9-13	불륜을 저지르는 자와 상종하지 말아야
6,1-11	이교도 법정에서 소송을?
6,12-20	몸은 성령의 성전

배움과 묵상(Studium et Meditatio)

몸

1. 묵은 누룩 곧 악의와 사악이라는 누룩이 아니라, 순결과 진실이라는 누룩 없는 빵을 가지고 축제를 지내자는 바오로의 말은 무슨 의미입니까?(5,1-8)

2. 바오로는 신자들에게 공동체 안에서 악인을 제거하라고 말합니다. 악인은 어떤 사람이며, 바오로의 말은 무슨 뜻입니까?(5,9-13)

3. 바오로는 교우끼리 분쟁이 생겼을 때, 어떻게 하라고 합니까?(6,5-7; 참조 6,1-4)

4. 하느님 나라의 상속을 받지 못하는 이들은 어떤 사람입니까?(6,9-11) 3번 문제와 연결지어 생각해 봅시다.

5. 그리스도인의 자유와 절제에 대해 나누어 봅시다(6,12-15).

6. 불륜을 저지르지 말아야 하는 이유는 무엇입니까?(6,14-20)

기도와 관상(Oratio et Contemplatio)

○ 자신의 몸을 주제로 하느님께 편지를 써 보고 성령의 성전인 몸을 깊이 바라봅시다.

음미(Ruminatio)

"여러분의 몸이 여러분 안에 계시는 성령의 성전임을 모릅니까? 그 성령을 여러분이 하느님에게서 받았고, 또 여러분은 여러분 자신의 것이 아님을 모릅니까?" (6,19)

제3부

코린토 교회의 문제에 대한 답변

(7,1-14,40)

제5과

혼인 문제
(7,1-40)

음미(Ruminatio)

"남편은 아내에게 의무를 이행하고, 마찬가지로 아내는 남편에게 의무를 이행해야 합니다." (7,3)

읽기(Lectio)

7,1-7	혼인 또는 독신에 관한 기본 태도
7,8-9	혼자 사는 이들과 과부들
7,10-11	신자 사이의 이혼 또는 재혼
7,12-16	비신자와의 이혼
7,17-24.29-32ㄱ	기본 원칙
7,25-28	미혼자들의 혼인
7,32ㄴ-35	독신 생활
7,36-38	약혼자들
7,39-40	재혼

배움과 묵상(Studium et Meditatio)

혼인

1. 혼인한 사람의 몸의 주인은 누구이며 서로 어떤 의무와 권리를 갖는지 알아봅시다(7,3-5).

2. 혼인한 이들에 대한 가르침을 찾아봅시다(7,10-11).

3. 비신자와의 이혼에 대해 바오로가 어떻게 말하는지(7,12-16; 참조 7,39-40) 요약하고, 교회의 가르침을 알아봅시다.

4. 바오로는 왜 "하느님께서 각자를 부르셨을 때의 상태대로 살아가십시오"(7,17.20.24)라고 말했으며, 그 의미는 무엇입니까?(7,17-24.27)

5. 마지막 때를 사는 그리스도인의 자유를 드러내는 구절을 찾아 적고, 그 자유가 무엇인지 헤아려 봅시다(7,29-32ㄱ).

6. 사도 바오로는 혼인에 대해 어떻게 생각합니까?(7,32-35.36-38)

음미(Ruminatio)

"나는 여러분이 걱정 없이 살기를 바랍니다." *(7,32)*

"세상을 이용하는 사람은 이용하지 않는 사람처럼 사십시오. 이 세상의 형체가 사라지고 있기 때문입니다." *(7,31)*

7. 혼인에 대한 바오로의 답변을 통해 코린토 공동체의 당시 상황을 짐작해 보고(참조 5,1-12; 6,12-20; 7,1-2), 성경 전체에서 혼인에 대한 가르침을 아는 대로 찾아보십시오.

기도와 관상(Oratio et Contemplatio)

○ 각자 현재(혼인 성소 또는 수도 성소 등)의 삶을 살기로 한 서약문을 다시 한 번 읽고 나눔을 가집시다. 그리고 소속된 공동체(가정, 수도원 등)로 돌아가 부르심에 적극 참여할 수 있도록 하느님의 사랑과 돌보심을 청하며 갱신 예식을 합시다(준비물: 초, 꽃, 포도주, 서약문, 사랑의 편지).

제6과

우상에게 바쳤던 제물을 먹는 문제 (8,1-11,1)

읽기(Lectio)

8,1-3	기준의 문제
8,4-6	지식의 관점
8,7-13	사랑의 관점
9,1-12	내가 사도가 아닙니까?
9,13-18	복음 선포를 위해 사도의 권리 포기
9,19-23	나는 자유인이지만 종이 되어
9,24-27	내가 실격자가 되지 않으려고
10,1-13	과거 역사에서 보고 배우기
10,14-22	우상 숭배를 멀리하십시오
10,23-11,1	이런 경우에 먹지 마십시오

음미(Ruminatio)

"지식은 교만하게 하고 사랑은 성장하게 합니다."
(8,1)

배움과 묵상(Studium et Meditatio)

우상 숭배
음복

1. 바오로는 우상에 대해 어떻게 생각합니까?(8,4.5-6)

2. 지식의 관점에서 나온 나의 자유로운 행동이 약한 이들에게 장애물이 될 경우에는 어떻게 해야 합니까?(8,7-13)

3. 사도의 권리는 무엇이며(9,3-14), 바오로가 이 권리와 자유를 포기한 이유는 무엇인지 써 보십시오(9,12-23).

4. 썩지 않는 화관을 얻으려고 바오로는 어떻게 행동합니까?(9,25-27)

5. 바오로가 우상 숭배 행위인 음복은 피하라고 말하는 대목을 요약해 봅시다(10,1-22).

6. "하느님은 성실하십니다"(10,13)라고 바오로가 말한 이유는 무엇입니까?(10,11-13)

음미(Ruminatio)

"여러분의 이 자유가 믿음이 약한 이들에게 장애물이 되지 않도록 조심하십시오."
(8,9)

"내 형제를 죄짓게 한다면"
(8,13)

"여러분이야말로 주님 안에서 이루어지는 내 사도직의 증표입니다."
(9,2)

7. 사도 바오로는 신자들에게 '먹든지 마시든지, 무슨 일을 하든지' 무엇을 위하여 그렇게 하라고 합니까?(10,31-33)

8. 음복에 대한 내용을 총정리해 보십시오(8,7-13; 10,18-21.27-28.31-32).

음미(Ruminatio)

"나는 아무에게도 매이지 않은 자유인이지만, 되도록 많은 사람을 얻으려고 스스로 모든 사람의 종이 되었습니다."
(9,19)

기도와 관상(Oratio et Contemplatio)

○ 내가 자유롭게 신앙을 표현하는데, 그것이 형제를 걸려 넘어지게 하는 경우를 찾아봅시다(8,13; 참조 9,19-23). 이를 극복하기 위해 어떻게 하겠습니까?

제7과

공동체의 전례 거행과 관련된 문제(11,2-34)

음미(Ruminatio)

읽기(Lectio)

하느님의
교회 안에서

11,2-16	전례 때 여자들이 가져야 하는 자세
11,17-34	주님의 만찬을 올바로 거행하는 문제

배움과 묵상(Studium et Meditatio)

풍습 안에서

여자들은 머리를
가려라.
주님의 만찬

전례 중에
여자가
가져야 하는 자세
남자가
가져야 하는 자세

1. 바오로는 머리를 가리는 것에 대해 남녀에게 각각 어떻게 하라고 합니까? 그 이유는 무엇입니까?(11,3-15)

2. 11,11-12의 의미는 무엇인지 살펴보고, 여성에 관한 현대 교회의 가르침을 찾아봅시다.

3. 주님의 만찬을 거행하는 두 가지 이유를 써 보십시오(11,23-26).

4. 코린토 교회의 잘못된 만찬 예식은 무엇입니까?(11,17-21)

5. 만찬 예식을 올바르게 거행하려면 어떻게 해야 합니까?(11,27-34)

기도와 관상(Oratio et Contemplatio)

○ 전례 때에 우리가 해야 할 봉사와 가져야 할 마음가짐은 어떤 것인지 헤아려 봅시다.

○ 주님의 만찬을 관상해 봅시다.

음미(Ruminatio)

"여러분을 칭찬할 수가 없습니다. 여러분의 모임이 이익이 아니라 해를 끼치기 때문입니다."
(11,17)

"각 사람은 자신을 돌이켜보고 나서 이 빵을 먹고 이 잔을 마셔야 합니다."
(11,28)

음미(Ruminatio)

"은사는
여러 가지지만
성령은
같은
성령이십니다."
(12,4)

"직분은
여러 가지지만
주님은
같은
주님이십니다."
(12,5)

"활동은
여러 가지지만
모든 사람 안에서
모든 활동을
일으키시는 분은
같은
하느님이십니다."
(12,6)

제8과

여러 은사
(12,1-31)

읽기(Lectio)

12,1-3	성령의 주도
12,4-11	같은 '성령'과 다양한 '은사'
12,12-27	하나의 '몸'과 다양한 '지체'
12,28-31ㄱ	교회의 다양한 직무와 은사
12,31ㄴ	결어

배움과 묵상(Studium et Meditatio)

더 큰 은사
더 중요한 일

1. 바오로는 코린토 신자들이 무엇을 깨닫기 원합니까?(12,1-3)

2. 신앙 고백의 내용은 무엇이며, 고백할 수 있는 힘은 어디에 있습니까?(12,3)

3. 12,4-6을 쓰십시오. 그 말씀은 무슨 뜻입니까?

4. "하느님께서 각 사람에게 공동선을 위하여 성령을 드러내 보여 주십니다"(12,7)는 말씀은 무슨 뜻입니까?(12,4-6.7-11)

5. 바오로가 하나의 몸과 다양한 지체에 대해 말한 (12,12-23) 내용을 찾아 적고, 이에 비추어 코린토 공동체의 상황을 헤아려 봅시다(12,24-27.28-31; 14,20.26).

6. 내가 나누어 받은 은사는 무엇이며 누가 어떤 이유로 주신 것입니까?(12,11)

음미(Ruminatio)

"이 모든 것은 한 분이신 같은 성령께서 일으키십니다. 그분께서는 당신이 원하시는 대로 각자에게 그것들을 따로따로 나누어 주십니다." *(12,11)*

기도와 관상(Oratio et Contemplatio)

○ 나는 어떤 지체입니까?(12,12-23) 나는 다른 지체에 대해 관심을 갖고 함께 걱정하며, 함께 고통스러워하고 함께 기쁨을 나눕니까?

○ 다양한 지체를 바라봅시다(가정, 내가 속한 공동체, 우리나라, 세계).

"여러분은 그리스도의 몸이고 한 사람 한 사람이 그 지체입니다." *(12,27)*

제9과

가장 큰 은사
(13,1-13)

음미(Ruminatio)

"여러분은 더 큰 은사를 열심히 구하십시오." (12,31)

"더욱 뛰어난 길을 보여 주겠습니다." (12,31)

읽기(Lectio)

13,1-3	사랑이 없으면
13,4-7	사랑의 특성
13,8-13	사랑의 불멸성

배움과 묵상(Studium et Meditatio)

사랑의 은사

1. 바오로가 더 큰 은사를 열망하라고 권고하며 더욱 뛰어난 길(12,31)로 제시한 것은 무엇입니까?(12,31-13,3)

2. 바오로가 제시하는 사랑의 특성을 쓰고(13,4-7), 그 중 하나를 선택하여 예화를 들어 봅시다.

3. 믿음, 희망, 사랑 중에서 가장 으뜸은 무엇이며, 그 이유는 무엇입니까?(13,8-13)

4. 12장과 13장에 나타난 은사와 덕성을 열거해 봅시다.

5. 바오로의 말을 듣고 단 두 마디로 사랑을 요약해 봅시다.

사랑은 .... 이고(하고)
사랑은 .... 이다(하다)

기도와 관상(Oratio et Contemplatio)

○ 사랑의 특성 중 나와 가장 친하고 익숙한 것을 몇 가지 골라 보십시오.

○ 사랑의 특성 중 내게 가장 부족하거나 체험하지 못한 것은 무엇입니까?

○ '사랑'을 관상해 보십시오.

음미(Ruminatio)

"… 한다 하여도 … 가 있다 하여도 나에게 사랑이 없으면 나는 아무것도 아닙니다." *(13,2)*

제10과

‘신령한 언어의 은사’와 ‘예언의 은사’ (14,1-40)

음미(Ruminatio)

“신령한 언어로 말하는 이는 사람들이 아니라 하느님께 말씀드립니다.” (14,2)

“그는 성령으로 신비를 말하는 것입니다.” (14,2)

읽기(Lectio)

14,1-25	신령한 언어와 예언
14,26-40	전례의 질서를 위한 지침

배움과 묵상(Studium et Meditatio)

공동체 유익

1. 14,1을 쓰십시오. 바오로가 이렇게 말한 이유는 무엇입니까?(14,1-5.22)

2. 신령한 언어와 예언은 어떻게 다릅니까?(14,2-5)

3. 바오로는 왜 “예언하는 이가 더 위대하다”(14,5)고 했습니까?(14,6-19)

4. 바오로가 14,19처럼 말한 이유는 무엇 때문입니까?(14,19-25)

5. 공동체 전례를 위해 바오로는 어떤 지침을 말했습니까?(14,26-40)

6. 공동체 안에서 질서를 지키고 순종해야 하는 이유는 무엇입니까?(14,26-33)

7. 바오로가 14,34-35의 경우를 말한 이유는 무엇입니까?

8. 예언자나 성령의 은사를 받은 사람의 태도는 어떠해야 합니까?(14,36-40)

기도와 관상(Oratio et Contemplatio)

○ 내가 사용하는 언어를 관상해 보십시오. 하느님께 드리는 말이 있습니까? 다른 사람을 성장하게 하고 격려하는 말입니까?

○ 14,34-35에 비추어 볼 때, 남편이나 아내가 신자가 아니거나 성경을 모른다면 어떻게 하겠습니까?

음미(Ruminatio)

"예언하는 이는 사람들을 성장하게 하고 격려하고 위로하는 말을 합니다."

(14,3)

"악에는 아이가 되고 생각하는 데에는 어른이 되십시오."

(14,20)

제4부

부활

(15,1-16,24)

제11과

죽은 이들의 부활
(15,1-58)

음미(Ruminatio)

"그리스도께서는 죽은 이들 가운데에서 되살아나셨습니다. 죽은 이들의 맏물이 되셨습니다."
(15,20)

읽기(Lectio)

15,1-11 복음과 믿음 되새기기
15,12-58 죽은 이들의 부활
 15,12-34 그리스도의 부활로 말미암아
 15,35-58 어떻게 되살아나는가?

배움과 묵상(Studium et Meditatio)

사후 세계

1. 바오로가 전해 준 복음(15,1-3)이 무엇인지 쓰고, 그 의미를 새겨봅시다(15,3-5).

2. 그리스도의 부활 사실(15,3-4)과 발현(15,5.6-8)은 죽은 이들의 부활을 말할 수 있는 기본 원리가 됩니다. 15,12-34에 나타난 설명을 요약해 보십시오.
   참고로, 다음 문장은 얼마나 자주 쓰입니까?
   "그리스도께서 되살아나지 않으셨다(면)" (   )번
   "죽은 이들이 되살아나지 않는다(면)" (   )번

3. 죽은 이들은 어떻게 되살아납니까?(15,35-58)

4. 부활에 대한 바오로의 가르침을 요한 11,25-26과 함께 생각해 봅시다.

음미(Ruminatio)

"죽음이 한 사람을 통하여 왔으므로 부활도 한 사람을 통하여 온 것입니다."
(15,21)

기도와 관상(Oratio et Contemplatio)

○ '부활'을 관상해 보십시오.

○ 우리는 "주님 저도 당신처럼 부활할 것입니다"라고 감히 고백합니다. 죽은 후 부활한 자신의 모습을 그려 보고, 부활 신앙을 삶에서 어떻게 드러내야 할지 생각해 봅시다.

제12과

편지 마무리
(16,1-24)

음미(Ruminatio)

"성도들을 위한 모금 … 하십시오."
(16,1)

"깨어 있으십시오. 믿음 안에 굳게 서 있으십시오. 용기를 내십시오. 힘을 내십시오."
(16,13)

읽기(Lectio)

16,1-4	예루살렘 교회를 위한 모금
16,5-11	여행 계획과 티모테오에 관한 부탁
16,12	아폴로에 관한 소식
16,13-24	마지막 권고와 인사

배움과 묵상(Studium et Meditatio)

당부

1. 16,1에서 바오로가 말하는 모금은 누구를 위한 것입니까?(16,1-3; 참조 로마 15,26-27; 사도 11,28-30)

2. 바오로는 구체적으로 어떻게 하여 모금하라고 이릅니까?(16,2)

3. 바오로는 코린토 신자들에게 티모테오를 위해 어떤 일을 부탁합니까?(16,10-11)

4. 바오로의 마지막 당부는 무엇입니까?(16,13-20)

5. 바오로가 직접 이 글을 다 쓴 것이 아니라 인사말만 썼다는 것을 알 수 있는 구절을 찾아 쓰십시오.

6. "마라나 타!"(16,22)는 무슨 뜻입니까?

기도와 관상(Oratio et Contemplatio)

○ 바오로 사도가 코린토 신자들에게 보낸 편지는 나에게 보낸 편지입니다. 답장을 써 보십시오.

○ '자선'을 관상해 보십시오.

음미(Ruminatio)

"여러분이 하는 모든 일이 사랑으로 이루어지게 하십시오."
(16,14)

"주 예수님의 은총이 여러분과 함께하시를 빕니다."
(16,23)

"나는 그리스도 예수님 안에서 여러분 모두를 사랑합니다."
(16,24)

코린토 2서

제1부

편지 전반부

(1–9장)

제13과

코린토 방문 계획 변경 (1,1-2,13)

음미(Ruminatio)

"하느님의 뜻에 따라 그리스도 예수님의 사도가 된 바오로와 티모테오 형제가 코린토에 있는 하느님의 교회와 온 아카이아에 있는 모든 성도에게 인사합니다."

(1,1)

읽기(Lectio)

1,1-2	인사
1,3-11	위로의 근원이신 하느님
1,12-2,13	방문 계획 변경

배움과 묵상(Studium et Meditatio)

계획 변경 이유

1. 여기서 바오로가 당하는 환난은 무엇이며, 누구에게 위로를 받습니까?(1,3-4.8-11)

2. 바오로는 그가 받는 환난과 위로를 어떻게 생각합니까?(1,5-7.12-14)

3. 1,3-7에 '위로'라는 단어가 몇 번 나오며, 그 의미는 무엇입니까?

4. 코린토 신자들이 받은 은총은 무엇입니까?(1,15-16)

5. 바오로가 코린토에 가려던 계획을 바꾼 이유는 무엇입니까?(1,16-2,1.12)

6. 바오로는 왜 눈물을 흘리면서 편지를 썼습니까?(2,1-11)

기도와 관상(Oratio et Contemplatio)

○ 내 계획의 진행과 변경은 어디에 따릅니까? 공동체 이익? 개인의 이익? 세상 흐름? 하느님의 뜻?

음미(Ruminatio)

"우리 주 예수 그리스도의 아버지 하느님은 인자하신 아버지시며 모든 위로의 하느님 이십니다."

(1,3)

"우리가 이 세상에서, 특히 여러분을 상대로 처신할 때, 하느님께서 주신 순수함과 성실함에 따라, 또 나약한 인간의 지혜가 아니라 하느님의 은총에 따라 처신하였다는 것입니다."

(1,12)

음미(Ruminatio)

"우리의 추천서는 여러분 자신입니다." *(3,2)*

"여러분은 분명히 우리의 봉사직으로 마련된 그리스도의 추천서입니다. 그것은 먹물이 아니라 살아 계신 하느님의 영으로 새겨지고, 돌판이 아니라 살로 된 마음이라는 판에 새겨졌습니다." *(3,3)*

제14과

사도직에 대한 소신 (2,14-6,10)

읽기(Lectio)

2,14-3,18	파견된 말씀의 사도
2,14-17	그리스도의 향기
3,1-7	추천서
3,8-18	성령의 직분
4,1-5,10	우리는 낙심하지 않습니다
4,1-15	질그릇에 담긴 보물
4,16-5,10	외적 인간은 쇠퇴해 가더라도
5,11-21	하느님과 화해하십시오
6,1-10	하느님의 일꾼(봉사자)

배움과 묵상(Studium et Meditatio)

사도

1. 바오로가 말하는 사도('우리')는 어떠한지 정리해 봅시다(2,14-17).

하느님은 ______________ 에
우리를 데리고 다니시면서,
______________ 가
우리를 통하여 곳곳에 퍼지게 하십니다.
______________ 에게나
______________ 에게나
우리는 ______________
______________ 입니다.
______________ 에게는
______________ 고,
______________ 에게는
______________ 입니다.
우리는 ______________
______________ 과 같지 않습니다.
우리는 ______________ 으로 ______________ 의
파견을 받아 ______________
______________ 에서 말합니다.

2. 바오로는 어떤 추천서를 제시합니까?(3,1-3)

음미(Ruminatio)

"'어둠 속에서 빛이 비추어라' 하고 이르신 하느님께서 우리 마음을 비추시어, 예수 그리스도의 얼굴에 나타난 하느님의 영광을 알아보는 빛을 주셨습니다." (4,6)

"우리는 이 보물을 질그릇 속에 지니고 있습니다." (4,7)

음미(Ruminatio)

"보이는 것이 아니라 보이지 않는 것을 우리가 바라보기 때문입니다. 보이는 것은 잠시뿐이지만 보이지 않는 것은 영원합니다." (4,18)

3. 사도로서 봉사할 자격은 어디에서 비롯됩니까? (3,4-7)

4. 성령의 봉사직과 의로움의 봉사직이란 무엇입니까?(3,6-18)

5. 자비를 입어 하게 된 봉사직을 수행하는 자세는 어떠해야 하며 받은 은혜는 무엇입니까?(4,1-6)

6. 인간 삶의 한계성이 드러나는 사도들의 고통과 어려움은 어떻게 표현되어 있습니까?(4,7-18; 5,1-10)

7. 사도들이 사람들을 설득하는 근거는 무엇이며 어떻게 해서 화해의 봉사자로 드러나게 됩니까?(5,11-21; 6,1-2)

8. 사도들이 살아가는 자세는 어떠합니까?(6,3-10)

기도와 관상(Oratio et Contemplatio)

○ 봉사자의 자격은 어디에서 비롯됩니까? 나는 화해하며 살고 있습니까?(5,11-21) 화해하며 살려면 어떻게 해야 합니까?

○ '봉사자'를 관상해 봅시다.

제15과

권고
(6,11-9,15)

읽기(Lectio)

6,11-7,1	짝이 맞지 않습니다
7,2-16	우리의 환난과 기쁨
8,1-9,15	성도들을 섬기는 선행

배움과 묵상(Studium et Meditatio)

맞갖은 행실

1. 살아 계신 하느님의 성전인 우리가 삼가야 할 일은 무엇입니까?(6,14-7,1)

2. 바오로가 신뢰를 호소하는 부분을 함께 큰 소리로 읽어 봅시다(7,2-4.5-16).

3. 하느님께서 마케도니아 교회에 주신 은총은 무엇입니까?(8,1-5)

음미(Ruminatio)

"우리의 마음은 활짝 열려 있습니다."
(6,11)

"마음을 활짝 여십시오."
(6,13)

"육과 영의 모든 더러움에서 우리 자신을 깨끗이 하여, 하느님을 경외하며 온전히 거룩하게 됩시다."
(7,1)

4. 티토가 코린토 교회에서 한 일은 무엇입니까? (8,6-24)

5. 성도들을 섬기는 선행에 동참하라고 촉구하는 말씀은 무엇입니까?(8,7-15)

음미(Ruminatio)

6. 바오로는 성도들을 위한 봉사(헌금)의 원리를 무엇이라고 말합니까?(9,6-15)

"적게
뿌리는 이는
적게
거두어들이고
많이
뿌리는 이는
많이
거두어들입니다."
(9,6)

기도와 관상(Oratio et Contemplatio)

○ 우리가 살아 계신 하느님의 성전임을 깨닫는 은혜를 청하며 1시간 동안 성체 조배를 합시다.

○ 함께 일하는 사람을 관상해 봅시다.

ㄱ. 나에게 '티토'와 같은 인물은 누구입니까?
ㄴ. 또 '다른 협조자'는 누구입니까?
ㄷ. 그들은 교회들의 대표이며, 그리스도의 영광입니까?(8,23)
ㄹ. 그들을 배려해 주고 다른 사람 앞에서 높여 줍니까?

제2부

편지 후반부

(10–13장)

제16과

사도 바오로
(10,1-13,13)

음미(Ruminatio)

"우리가 비록 속된 세상에서 살아갈지언정, 속된 방식으로 싸우는 것은 아닙니다."
(10,3)

"우리의 전투 무기는 속된 것이 아닙니다. 그것은 하느님 덕분에 어떠한 요새라도 무너뜨릴 수 있을 만큼 강력합니다."
(10,4)

읽기(Lectio)

사도 바오로

10,1-6	나의 태도
10,7-18	주님께서 주신 권위
11,1-15	어리석은 이처럼
11,16-33	어리석어서 하는 말
12,1-10	약점 자랑
12,11-13	어리석은 사람이 되고 말았다
12,14-21	나의 태도

마무리

13,1-13	마지막 경고와 인사

배움과 묵상(Studium et Meditatio)

나 사도!

1. 바오로의 말(10,1-2)에서 코린토 공동체의 상황에 대해 알 수 있는 것은 무엇입니까?

2. 바오로가 코린토 공동체를 꾸짖는 내용을 요약해 보십시오(10,3-18).

3. 바오로가 본의 아니게 자화자찬까지 하면서 교우들이 깨닫기를 바라는 것은 무엇입니까?
(11,1-20; 12,11-13)

4. 어쩔 수 없이 밝히는 내용을 통해 알게 된 사도의 고난과 고뇌는 무엇입니까?(11,21-33)

5. 주님의 현시와 계시를 보면서도 바오로가 감수해야 하는 것은 무엇입니까?(12,1-13)
사도 바오로가 체험한 현시와 계시는 무엇입니까?(12,2-4) 왜 그는 이것을 자랑했습니까?(12,1)
하느님께서 사도 바오로에게 육신의 가시를 주신 이유는 무엇입니까?(12,7-10)

음미(Ruminatio)

"누가 감히 자랑한다면, 어리석음에 빠진 자로서 말하는 것입니다만, 나도 자랑해 보렵니다."
(11,21)

"내가 자랑해야 한다면 나의 약함을 드러내는 것들을 자랑하렵니다."
(11,30)

6. 사도 바오로가 코린토 교회에 대해 우려하는 것은 무엇이며, 코린토 신자들의 생각은 어떠합니까? (12,14-21)

음미(Ruminatio)

7. 바오로가 세 번째로 코린토 교회에 가려고 하는 이유는 무엇입니까?(13,1-10)

"그리스도의 힘이 나에게 머무를 수 있도록" (12,9)

8. 바오로는 방문 전에 코린토 교회에게 무엇을 준비하라고 합니까?(13,5-10)

9. 마지막 인사말은 무슨 내용입니까?(13,11-13)

"내가 약할 때에 오히려 강하기 때문입니다." (12,10)

기도와 관상(Oratio et Contemplatio)

○ "내가 자랑해야 한다면, 나의 약함을 드러내는 것들을 자랑하렵니다"(11,30)를 새기며, 나의 약점을 통해 드러난 하느님의 영광을 나눠 봅시다.

○ 자랑과 겸손을 관상해 봅시다.

더불어 읽으면 좋은 책

1. 코린토인들에게 보내는 첫째 편지(성서와함께 총서 신약 2)
   크리스토프 센프트 지음 / 백운철 옮김

2. 코린토인들에게 보내는 둘째 편지(성서와함께 총서 신약 3)
   모리스 카레 지음 / 백운철 옮김

* 이 문제집과 성경 공부에 대한 자세한 문의는
가톨릭성서모임(www.biblemove.com)으로 해 주시기 바랍니다.

가톨릭성서모임

서울의정부 협의체

흑석동 (02) 824-4363·5　　정릉 (02) 2171-1671~3

수　지 (031) 546-8819

대　구 협의체 문의

교구 소속 성서모임

대전 (042) 223-4627　　부산 (051) 519-0485

울산 (052) 261-6011　　원주 (033) 765-4226

인천 (032) 765-6967　　전주 (063) 230-1059

제주 (064) 729-9503　　청주 (043) 210-1734

미국

남가주 1-714-403-0010 / 1-714-514-9651(청년)

동 부 1-201-937-6622　　북가주: 남가주 문의

성경 낱권 공부 ⑧

코린토서 문제집

초판 1쇄 펴낸날: 2003년 7월 25일

수정판 1쇄 펴낸날: 2011년 3월 30일

3쇄 펴낸날: 2025년 2월 7일

지은이: 영원한도움 성서연구소

펴낸이: 나현오

펴낸곳: 성서와함께

06910 서울시 동작구 흑석로13길 7

Tel: (02) 822-0125~7 / Fax: (02) 822-0128

http://www.withbible.com

e-mail: order@withbible.com

등록번호 14-44(1987년 11월 25일)

ISBN 978-89-7635-238-5 94230

978-89-7635-902-5(세트)